Pe. FERDINANDO MANCILIO, C.Ss.R.

Novena de Santo Antônio

EDITORA
SANTUÁRIO

DIREÇÃO EDITORIAL: Pe. Fábio Evaristo R. Silva, C.Ss.R.
COORDENAÇÃO EDITORIAL: Ana Lúcia de Castro Leite
COPIDESQUE: Ana Lúcia de Castro Leite
REVISÃO: Luana Galvão
DIAGRAMAÇÃO Mauricio Pereira
CAPA: Bruno Olivoto

Textos bíblicos extraídos da *Bíblia de Aparecida*, Editora Santuário, 2006.

ISBN 85-7200-817-9

1ª impressão: 2003
9ª impressão

Todos os direitos reservados à **EDITORA SANTUÁRIO** – 2022

Rua Pe. Claro Monteiro, 342 – 12570-000 – Aparecida-SP
Tel.: 12 3104-2000 – Televendas: 0800 - 0 16 00 04
www.editorasantuario.com.br
vendas@editorasantuario.com.br

Santo Antônio de Pádua

Fernando de Bulhões e Taveira nasceu em Lisboa, Portugal. Foi ordenado sacerdote na Congregação dos Padres Agostinianos, entretanto o ideal de São Francisco lhe invadiu o coração, quando viu os corpos dos cinco primeiros mártires franciscanos de Marrocos. Entrando para o Convento de Santo Antônio de Coimbra, recebeu o nome de Antônio. Quis trabalhar entre os muçulmanos da África do Norte, mas uma doença o impediu e teve de voltar. O navio em que viajava, açoitado pela tempestade, teve de ancorar na Sicília. A partir daí, Antônio percorreu toda a Itália pregando o Evangelho de Jesus. Foi o pregador preferido do povo. Pregou sobre a partilha social e a necessidade de se escutar atentamente a Palavra de Deus. Esgotado, morreu aos trinta e seis anos, na cidade de Pádua, Itália. É chamado de "doutor evangélico". Certamente, sua canonização foi a mais rápida da história: um ano após sua morte!

O desejo desta novena é que você a reze com piedade e cresça no amor de Deus. Ela foi pensada para ser rezada de modo participativo. Por isso é bom que cada pessoa tenha o livrinho da novena em suas mãos. Não foi sugerida nenhuma hora para os cânticos; mas quem dirigir a novena poderá cantar algum cântico conveniente para o momento, contanto que todos cantem juntos. O coordenador da novena em Comunidade procure repartir os trechos, para que não fique uma pessoa só lendo do começo ao fim. Que esta novena seja muito proveitosa e que Santo Antônio interceda por nós, lá no céu.

Oração inicial

— Em nome do Pai † e do Filho e do Espírito Santo. **Amém!**

— Rezemos para que possamos entrar na intimidade de Deus. Ele é nosso Pai e nos ama, por isso nos fez seus filhos e filhas. **Ele nos conduz em seu amor e em seu Filho Jesus!** Que a Palavra de Jesus nos ajude a compreender o tempo e a história, **ajude-nos a viver como irmãos e irmãs!** Que o Espírito Santo Santificador distribua em nós seus dons, **e assim possamos encontrar a santidade e o Reino do Pai!**

— Sem Maria não há Jesus. **Sem Maria não há Igreja!** Por isso rezemos também à Mãe de Deus e nossa.

— **Mãe bendita de Jesus, caminhai conosco nesta novena e ajudai-nos a acolher com fé e alegria a Palavra de Deus. Assim como vós acolhestes Jesus em vosso seio, queremos que a Palavra, que é vida, faça morada em nosso coração! Amém!**

Oração final

Deus-Pai, cheio de bondade e misericórdia, que destes Santo Antônio ao vosso povo como insigne pregador e intercessor em todas as necessidades, fazei-nos, por seu auxílio, seguir os ensinamentos da vida cristã e sentir a vossa ajuda em todas as provações. Por Cristo, nosso Senhor. Amém!

– Santo Antônio,

– rogai por nós!

– O Senhor nos abençoe e nos guarde.

– Amém!

– Abençoe-vos, Deus, todo-poderoso: Pai † Filho e Espírito Santo.

– Amém!

– Voltemos para nossas casas em paz, e o Senhor nos acompanhe.

– Graças a Deus!

1º dia

A Palavra de Deus é criadora

Estamos hoje iniciando a novena em louvor a Santo Antônio. Esta novena quer nos lembrar a importância da Palavra de Deus em nossas vidas. Santo Antônio foi um grande pregador do Evangelho de Jesus, um missionário ardoroso. Inspirados em sua santidade, nós também desejamos trilhar esse caminho missionário e de santidade.

1. Oração inicial *(p. 5)*

2. Deus nos fala por sua Palavra *(Ler na Bíblia: Is 55,10-11)*

Deus está nos falando que a chuva e a neve vêm do céu **e para lá não voltam sem antes ter molhado a terra ou a grama verde.** A água da chuva e da neve faz a planta crescer **e dá a semente e o pão para comer.** Assim é a Palavra de Deus: produz no mundo seus efeitos. **Ela é plantada no solo fecundo da terra.** Sua Palavra é como o fogo que tudo arrasa, **é como o martelo que destrói a pedra.** A Palavra de Deus é para ser ouvida e vivida. **Assim Deus nos ajude! Amém!**

3. O jeito de as pessoas viverem

Muitas pessoas no mundo fazem um grande esforço para viver a Palavra de Deus. E ela lhes dá uma força muito grande. Essas pessoas sentem muita paz, porque a plantaram em seu coração. Elas estão sempre muito felizes. Têm um coração muito bonito. Buscam o que é mais importante na vida. Outras, porém, escutam de vez em quando a Palavra de Deus, não ligam muito para ela e não são tão felizes assim. O ruim é que não percebem o quanto a Palavra de Deus é importante para nossa vida.

4. Fazer ressoar a Palavra

A Palavra de Deus está sendo anunciada em nossa Comunidade? Como? De que forma?

5. Deus não nos abandona

– Pela Palavra de Deus que ouvimos, **obrigado, Senhor!**

– Porque o Senhor não se cansa de nos amar, **obrigado, Senhor!**

– Ao Deus, que não nos abandona, **nós dizemos: muito obrigado, Senhor! E aumentai a nossa fé!**

Pai nosso, que estais nos céus...

Ave, Maria, cheia de graça...

6. Nosso gesto concreto

– Quem quiser poderá, em casa, sozinho ou com a família, ler um pequeno trecho do Evangelho e tirar dele uma mensagem para a vida.

7. Oração final *(p. 6)*

2º dia

A Palavra de Deus é vida e salvação

Santo Antônio ajuda-nos a meditar a Palavra de Deus e sua salvação para a humanidade. Ele é amante dessa Palavra, anunciando-a com muita força, principalmente na Itália. Por causa dela, também, ele até desejou o martírio. Ele acreditou sem rodeio algum; ela transformou sua vida e a de muitos que a ouviram. Hoje, somos nós os ouvintes dessa Palavra.

1. Oração inicial *(p. 5)*

2. Deus nos fala por sua Palavra *(Ler na Bíblia: 1Jo 1,1-4)*

João, em sua primeira carta, está nos dizendo que a Palavra de Deus sempre existiu, **e que**

ela foi ouvida, vista e contemplada. Ainda nos diz que a Palavra Viva do Pai – o Verbo da Vida – pôde ser tocada, **e todos puderam ver sua glória.** E dela foi dado testemunho **e foi anunciada como caminho da vida eterna.** Hoje, ela é também anunciada e testemunhada em nossa Igreja, **para que vivamos em comunhão e união com Jesus e entre nós,** para que nada se perca **e para que nossa alegria seja completa.**

3. O jeito de as pessoas viverem

O apóstolo João, ao escrever sua carta, quis nos transmitir a verdade sobre Jesus, a quem ele chama de o Verbo da Vida. Fala da experiência de todo um povo, o Povo de Israel, e principalmente das primeiras Comunidades cristãs que viveram a fé em Jesus, depois de sua ressurreição. Ele nos fala da importância de vivermos a comunhão de vida na Santíssima Trindade: o Pai, o Filho e o Espírito Santo. Ninguém pode viver isolado por aí. Se somos pessoas que acreditamos, temos também de viver vida de Comunidade.

4. Fazer ressoar a Palavra
Como podemos viver a Palavra de Deus hoje?

5. Deus não nos abandona
– Pela Palavra de Deus, que chegou até nós, **obrigado, Senhor!**

– Porque nós podemos fazer a experiência de vida, **para que sejamos verdadeiramente o vosso povo, Senhor!**

– Ao Deus que nos mandou seu Filho único, **nós queremos viver em comunhão com Ele!**

Pai nosso, que estais nos céus...
Ave, Maria, cheia de graça...

6. Nosso gesto concreto
Além da novena que você está participando, procure participar também de alguma celebração em sua Comunidade ou faça algum bem para alguém sem esperar nada em troca.

7. Oração final *(p. 6)*

3º dia

O cristão e a Palavra de Deus

A Palavra vai nos tocando pouco a pouco, e nosso coração vai se tornando mais dócil e acolhedor. Hoje, nós vamos meditar um pouco mais como deve ser a Palavra de Deus em nossa vida. Ela é forte como a rocha. Ela é força de vida escondida. Certamente, cada um de nós descobrirá sua grandeza, sua simplicidade e o que ela produz em nós.

1. Oração inicial *(p. 5)*

2. Deus nos fala por sua Palavra *(Ler na Bíblia: Mt 7,24-27)*

A Palavra, que é Jesus, veio para o meio de nós, armou aqui sua morada e nos deu a vida. **E**

mesmo assim Ele foi rejeitado por muitos! Sua Palavra é que nos faz fortes e firmes na esperança, como a casa sobre a rocha. **E nada poderá rompê-la ou destruí-la!** Assim é a vida de muitos, como a dos mártires: construíram-na sobre a rocha. **E ninguém pode contradizê-los!** Quando chegarem até nós as chuvas das incertezas, da dor, dos infortúnios, **quem estiver ancorado nele saberá resistir a tudo, como a rocha!** Se não há sono, também não há sonho. **Se não há amor, não há também casa construída sobre a rocha!**

3. O jeito de as pessoas viverem

Jesus nos fala que sua palavra é como a rocha firme sobre a qual construímos nossa casa. Nada pode destruí-la. Muitas ideias estão espalhadas em nosso mundo e nada têm de Evangelho, de uma vida construída sobre a rocha. Muitos vão buscar forças em horóscopos, em cartomantes, em religiões que fazem milagres, em filosofias que só procuram o bem-estar pessoal. Quem tem fé constrói sua vida sobre a rocha, que é Jesus e seu Evangelho. É nele que encontramos todas as respostas que procuramos para nossas perguntas.

4. Fazer ressoar a Palavra

O que quer dizer para nós este ensinamento de Jesus da casa construída sobre a rocha e a areia?

5. Deus não nos abandona

– Melhor é a casa construída sobre a rocha, **melhor é nossa vida alicerçada no Evangelho!**

– Pior é a casa construída sobre a areia, **porque ela cai no primeiro vento ou na primeira chuva!**

– Melhor quando nós vivemos em Comunidade, **porque assim a vida se torna mais bonita: Ele está no meio de nós!**

Pai nosso, que estais nos céus...
Ave, Maria, cheia de graça...

6. Nosso gesto concreto

Se você tem possibilidade, procure visitar um asilo, algum doente, ou ajudar alguma pessoa com algum serviço.

7. Oração final *(p. 6)*

4º dia

Os frutos da Palavra de Deus

Se a chuva cai do céu e molha a terra, a planta agradece e os frutos aparecem. Se o sol é longo e constante, ela morre, nada produz, e tudo fica muito triste. Assim pode acontecer conosco, ouvintes da Palavra de Deus. A maior distância que existe é a do ouvido até nosso coração. Numa palavra, nem sempre fazemos dela nossa fonte de inspiração. Se assim é, fica difícil os frutos aparecerem. Deus nos concede hoje a oportunidade de sermos a terra boa do Evangelho.

1. Oração inicial *(p. 5)*

2. Deus nos fala por sua Palavra *(Ler na Bíblia: Lc 8,11-15)*

A Palavra é a semente que Jesus jogou no chão, **no chão da nossa vida, da nossa mente, do nosso coração!** Palavra à beira do caminho, onde todos os passantes a veem, **mas não a tomam para si!** Palavra sobre a pedra, tão fácil de contemplá-la, **tão fácil de ser tocada pelo vento em nosso coração!** Palavra encontrada também nos lugares mais difíceis, **sem perseverança, ela murcha e morre em nós!** Como é boa a terra dos que a amam e não fogem, quando vem a dificuldade. **Esses são como luzeiros no céu e como árvores plantadas à beira do rio!**

3. O jeito de as pessoas viverem

São muitas as palavras e o jeito de falar, de se comunicar, que encontramos no mundo. Hoje, usamos a palavra para nos comunicar em qualquer parte do mundo, e tudo de modo muito rápido. Jesus também teve seu jeito de falar. Mesmo diante do desenvolvimento da comunicação, nós podemos entender o jeito de Jesus. Só não entende quem não quer mesmo entender. Sua Palavra é para ser acolhida em nós, para nosso bem e nossa salvação. Só quem acha que não precisa de salvação a deixa para trás. Mas, sendo infeliz, não terá o direito de colocar a culpa nele.

4. Fazer ressoar a Palavra

Como o Evangelho pode ser acolhido e vivido em nossa sociedade, hoje?

5. Deus não nos abandona

– Que a Palavra de Jesus não se perca à beira do caminho, nas pedras ou nos espinheiros, **que ela encontre a terra boa de nossa vida!**

– Há muitas Comunidades que buscam inspiração na Palavra de Jesus para suas ações. **E assim testemunham como é bela a vida com Deus!**

– Nossas cidades, ruas, praças, apartamentos, condomínios fechados **não podem se fechar em si mesmos e abandonarem o Deus da Vida!**

Pai nosso, que estais nos céus...
Ave, Maria cheia de graça...

6. Nosso gesto concreto

Escolha um trecho ou uma frase do Evangelho, escreva-o e carregue-o com você ou o cole num lugar bem visível para você o ler várias vezes durante o dia.

7. Oração final *(p. 6)*

5º dia

Acolher com docilidade a Palavra de Deus

A docilidade é exatamente o contrário da violência. A docilidade da Palavra de Deus não vem nos fazer pessoas passivas, que aceitam tudo. Não! Ela vem nos animar e nos fazer entender onde está a vontade de Deus. Sabemos que a violência não é de Deus, mas como não deixar que ela aconteça? É o que a Palavra quer hoje nos ensinar.

1. Oração inicial *(p. 5)*

2. Deus nos fala por sua Palavra *(Ler na Bíblia: Tg 1,21-25)*

São Tiago nos diz que a Palavra do Senhor vem ao nosso encontro para nos salvar. **E nós queremos recebê-la com docilidade!** Também nos ensina que é importante ouvir, mas o mais importante é praticar o que se ouve. **Senhor, fazei-nos praticantes de vossa Palavra!** O espelho reflete nossa aparência; nossa vida deve refletir a vida com Deus. **Assim devemos viver!** Não podemos nos esquecer de que somos frutos da Palavra de Deus! **Ela nos fez seus filhos e filhas!** Continuemos firmes na escuta e na vivência da Palavra do Senhor, **para perseverarmos em seu amor!**

3. O jeito de as pessoas viverem

São Tiago, na leitura que ouvimos, demonstra preocupação com a vivência da Palavra de Deus. Certamente, muitos estavam vivendo como se ela nada tivesse a ver com suas vidas. Nós precisamos acolher com muita docilidade a Palavra de Deus, que tantas vezes ouvimos. Ela nos une ao Pai do céu, faz-nos perceber seu amor e nos fortalece na fraternidade. Ela provoca no mundo vida de comunhão, de solidariedade, de justiça. Numa palavra: ela faz a vida acontecer. Aprendemos com Santo Antônio o amor e a perseverança na Palavra de Deus.

4. Fazer ressoar a Palavra

Quais os pensamentos que mais ocupam nosso dia a dia?

5. Deus não nos abandona

– Jesus, nós queremos que vossa vida esteja sempre em nós, **porque vós sois nosso Caminho, nossa Verdade e nossa Vida!**

– Jesus, não queremos ser apenas ouvintes, mas praticantes de vosso Evangelho, **para que o mundo tenha mais vida e salvação!**

– Em vós, Senhor, encontramos alento em nossas dificuldades, **porque em vós tudo ganha vida e sentido novos!**

Pai nosso, *que estais nos céus...*

Ave, Maria, *cheia de graça...*

6. Nosso gesto concreto

Escolher um trecho, uma palavra ou uma frase do Evangelho e procurar vivê-la durante todo o dia.

7. Oração final *(p. 6)*

6º dia

Em Jesus somos herdeiros da Palavra

Como pode um Deus preocupar-se conosco? Deus nos criou em seu amor. Fez-nos a sua imagem e semelhança. E ainda mais: para mostrar o tanto que Ele nos ama, mandou-nos seu Filho único, Jesus Cristo. Só um Deus, que ama, faz as coisas desse modo. Mas foi só isso que Deus nos fez? Não! Ele também nos fez herdeiros de seu Reino, por isso ninguém é pobre diante dele.

1. Oração inicial *(p. 5)*

2. Deus nos fala por sua Palavra *(Ler na Bíblia: Gl 4,4-7)*

Quando chegou a plenitude dos tempos, quando chegou a hora certa, Ele nos deu seu

Filho. **Assim Deus nos amou! Assim devemos também amar!** Jesus nasceu de Maria, que foi concebida do Espírito Santo. **Assim Deus nos amou! Assim devemos também amar!** Ele veio sem alarde, no silêncio da noite de Natal, para nos tirar da escravidão da morte. **Bendito seja o Senhor, nosso Deus e Salvador!** Ele veio para nos fazer verdadeiramente filhos e filhas de Deus. **No Senhor está toda a graça, toda a vida e toda a salvação!** E, como filhos e filhas de Deus, somos, por amor dele, herdeiros de seu reino. **Graças e louvores ao Senhor, que nos ama!**

3. O jeito de as pessoas viverem

Muitas vezes, encontramos muitas pessoas estropiadas, ou vítimas das injustiças sociais ou que estão longe de Deus. Existem aquelas que têm tudo, mas não têm paz. Existem aquelas que nada possuem e estão felizes. Que segredo é esse? É o do lugar que Deus está ocupando na vida de cada uma das pessoas. Há pessoas felizes que não sabem explicar os motivos, mas vivem verdadeiramente como herdeiras do Reino de Deus. Por isso são felizes. Certamente, cada um de nós pode ser melhor, se Deus tomar parte em nossa vida.

4. Fazer ressoar a Palavra

Por que é importante sermos apaixonados por Jesus Cristo e seu Evangelho?

5. Deus não nos abandona

— No silêncio da noite de Natal veio Jesus, a plenitude do amor do Pai. **E nós nos tornamos herdeiros do Reino do céu!**

— No presépio de Belém, o Filho de Deus se fez simples e humilde com os pobres. **E os anjos cantaram: Glória a Deus nas alturas!**

— Maria, com Jesus em seus braços, embalou a salvação para toda a humanidade. **E Ele nos ensinou a chamar Deus de *Abbá:* que quer dizer, Pai!**

Pai, nosso, que estais nos céus...
Ave, Maria, cheia de graça...

6. Nosso gesto concreto

Pode ser proposta para a Comunidade uma penitência comum — por exemplo: um trabalho que precisa ser feito, um mutirão de limpeza *(ver algo que mais convém à Comunidade, se for decidida uma penitência comum)* – ou pessoal: comida, bebida, alimento...

7. Oração final *(p. 6)*

7º dia

Jesus anuncia o Reino pela Palavra

Jesus passou neste mundo fazendo o bem. Quando começou a anunciar o Reino de Deus, muitos não gostaram, porque mexia naqueles costumes que eles tinham. Ele olhou muito de perto e com muito carinho os pobres, os doentes, os pecadores, os sofredores. Santo Antônio, seguindo o ensinamento de Cristo, também teve muito amor para com os pobres.

1. Oração inicial *(p. 5)*

2. Deus nos fala por sua Palavra *(Ler na Bíblia: Mt 4,23-25)*

No Evangelho, Jesus nunca ficou parado num lugar só. Ele foi às vilas, aos povoados, à roça e à cidade, **para que todos soubessem da notícia do Evangelho!** Logo todos ficaram sabendo tudo o que Jesus fazia **e correram para Ele, para escutar sua Palavra e serem libertados;** para serem curados, porque Jesus os amava; **para poderem também segui-lo bem de perto!** A maior cura era saber que o Reino, que todos esperavam, havia chegado e era anunciado. Que Jesus hoje não seja colocado de lado. **Que todos corram ao encontro de Jesus do Evangelho!**

3. O jeito de as pessoas viverem

Jesus nos trouxe o Reino de Deus bem ao alcance de nossas mãos. Às vezes, vemos pessoas correndo atrás de Jesus só para receberem algum benefício. Querem que Jesus lhes faça ganhar muito dinheiro, que lhes cure de alguma enfermidade. Mas quando são beneficiadas, vão embora e se esquecem dele. Devemos pedir sim, mas não qualquer coisa. Temos de pedir a presença e ajuda de Jesus em nossas legítimas necessidades, mas sem nos esquecermos dele. Se Ele nos ajudou, também devemos ser muito gratos a Ele.

4. Fazer ressoar a Palavra

Como podemos melhorar nosso relacionamento com Deus?

5. Deus não nos abandona

– Jesus foi a todos os lugares onde podia ir, **para que assim todos soubessem que o Reino chegou!**

– Ele tinha uma atenção muito especial com os doentes e pecadores, **porque eram os mais rejeitados na sociedade!**

– Ele exaltou a sabedoria dos simples e confundiu os fortes com a fraqueza dos fracos. **Ele fez dos abandonados os escolhidos do Reino!**

Pai nosso, que estais nos céus...
Ave, Maria, cheia de graça...

6. Nosso gesto concreto

Se for possível, fique algum tempo diante do sacrário em alguma igreja; ou mesmo no silêncio de seu quarto. Pare! Pense! Reze!

7. Oração final *(p. 6)*

8º dia

Assim é o Reino de Deus

No Reino de Deus, os pobres têm vez; os que constroem a paz ficarão na história. Serão consolados por Deus nas aflições, e os que têm fome de justiça e de fraternidade brilharão como as estrelas do céu. Os que usam de misericórdia alcançarão misericórdia e os puros de coração verão a Deus. Encontremo-nos com a Palavra, pois nela encontramos o Reino.

1. Oração inicial *(p. 5)*

2. Deus nos fala por sua Palavra *(Ler na Bíblia: Mt 5,3-10)*

O evangelista São Mateus nos mostra bem claramente como é o Reino de Deus anunciado por Jesus. **E nós vamos aprendendo e vivendo!** Quem assume o Reino de Deus não está dispensado de perseguições e sofrimentos, **mas não fica intimidado,** porque sabe em quem está acreditando. **Sabe em quem está apostando:** no Reino de Deus. **É no Reino da vida, da justiça, da misericórdia!** Os que vivem as bem-aventuranças pertencem ao Reino dos céus. **São santos e amados por nós!**

3. O jeito de as pessoas viverem

Infelizmente, ainda vemos em nosso mundo muitas atitudes contrárias ao Reino de Deus: fazendeiros fazendo escravos seus funcionários; corrupção de homens do governo; traficantes criando dependentes químicos e assassinando pessoas; gente vivendo sem Deus, sem amor e misericórdia. De outro lado, existem também aqueles que estão dando a vida por amor a Deus e aos irmãos, porque acreditam que a vida pode ser diferente. Há, portanto, uma luta muito grande. E o cristão já sabe de que lado deve ficar.

4. Fazer ressoar a Palavra

Poderíamos apontar quais são os sinais do Reino de Deus em nossa comunidade?

5. Deus não nos abandona

– Mesmo com tantas coisas erradas que acontecem, **Deus continua presente com seu amor!**

– Mesmo se eu tiver o dom das línguas, o dom das profecias e outros tantos mais, **de nada valerá tudo isso, se eu não tiver amor!**

– Que adianta a ganância do homem e da mulher de ganhar o mundo inteiro **e depois perder a vida eterna?**

Pai nosso, que estais nos céus...
Ave, Maria, cheia de graça...

6. Nosso gesto concreto

Dê uma palavra de ânimo para quem estiver desanimado; uma palavra confortadora para quem estiver angustiado; uma palavra de incentivo para quem trabalhar em sua Comunidade.

7. Oração final *(p. 6)*

9° dia

A realização do Reino e da Palavra

Não sabemos quando o Reino de Deus acontecerá plenamente no meio de nós. São Paulo nos lembra de que agora nós o vemos como num espelho embaçado, em que não enxergamos direito. A Palavra de Deus nos aponta para sua realização. Importante agora é cada um de nós fazer sua parte. Deus já fez a dele, mas nós ainda temos muito o que fazer. Com nosso esforço cotidiano e a graça de Deus presente, ele virá e seremos felizes.

1. Oração inicial *(p. 5)*

2. Deus nos fala por sua Palavra *(Ler na Bíblia: Mt 25,34-36)*

Jesus está presente naquele que não tem casa nem pão para comer; **naquele que nada tem para viver como gente!** Quando acolhemos as pessoas, os famintos e os doentes, **acolhemos o próprio Cristo!** Quando repartimos o que temos e o que somos, **repartimos nossa vida, como fez Jesus!** No dia do Juízo, os mentirosos e orgulhosos ficarão envergonhados **de verem a felicidade dos justos!** Vinde benditos de meu Pai, dirá Jesus, **e serão felizes eternamente!**

3. O jeito de as pessoas viverem

Quando nós fazemos um bem, uma caridade para alguém, com o coração sincero, experimentamos dentro de nós uma alegria inexplicável. Há pessoas que parecem guardar dentro de si mesmas um grande segredo, tamanha a alegria que possuem. Mas, se repararmos, elas estão sempre praticando o bem. São pessoas muito caridosas. Por isso mesmo estão sempre muito felizes. O segredo é o amor para com os outros. Se essas pessoas podem, porque nós resistimos a isso?

4. Fazer ressoar a Palavra

Por que ainda há guerras e fome em nosso mundo?

5. Deus não nos abandona

– Pelo batismo que recebemos, nós nos tornamos membros da Igreja de Cristo. **Senhor, nós vos agradecemos!**

– São felizes os que praticam o bem e a caridade, **porque Deus mora no coração deles!**

– O exemplo dos santos e das santas nos anima também a viver a santidade. **E o caminho da santidade é a caridade!**

Pai nosso, que estais nos céus...
Ave, Maria, cheia de graça...

6. Nosso gesto concreto

Procure, com muita sinceridade de coração, fazer o bem para alguma pessoa, sem esperar nada em troca.

7. Oração final *(p. 6)*

Índice

Santo Antônio de Pádua 3

Oração inicial 5

Oração final 6

1º dia: A Palavra de Deus é criadora 7

2º dia: A Palavra de Deus é vida e salvação..... 10

3º dia: O cristão e a Palavra de Deus.............. 13

4º dia: Os frutos da Palavra de Deus 16

5º dia: Acolher com docilidade
a Palavra de Deus 19

6º dia: Em Jesus somos herdeiros da Palavra... 22

7º dia: Jesus anuncia o Reino pela Palavra 26

8º dia: Assim é o Reino de Deus 29

9º dia: A realização do Reino e da Palavra........ 32

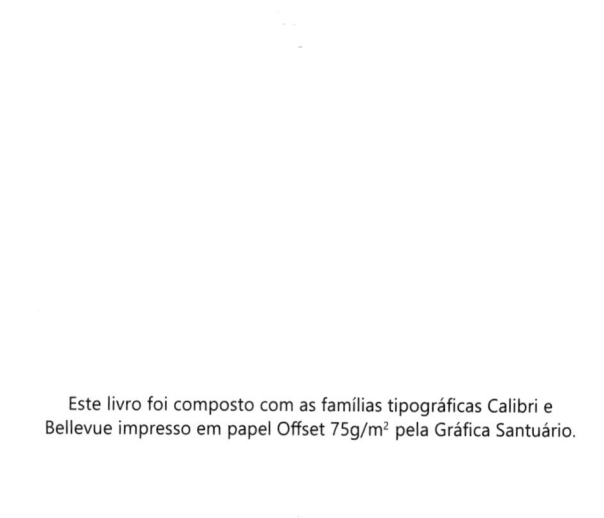

Este livro foi composto com as famílias tipográficas Calibri e Bellevue impresso em papel Offset 75g/m² pela Gráfica Santuário.